Directora editorial: Ana Laura Delgado
Cuidado de la edición: Sonia Zenteno
Asistencia editorial: Rebeca Martínez
Formación: Caín Cruz
Traducción: Elena Borrás

Título original en inglés: *A Book of Feelings*
© 2015. Amanda McCardie, por el texto
© 2015. Salvatore Rubbino, por las ilustraciones

Publicado por Ediciones El Naranjo por acuerdo
con Walker Books Ltd., 87 Vauxhall Walk, Londres, SE11 5HJ

Primera edición, diciembre de 2015
Primera reimpresión, noviembre de 2017

D. R. © 2015. Ediciones El Naranjo, S. A. de C. V.
          Avenida México 570,
          Col. San Jerónimo Aculco,
          C. P. 10400, Ciudad de México.
          Tel: + 52 (55) 5652 1974
          elnaranjo@edicioneselnaranjo.com.mx
          www.edicioneselnaranjo.com.mx

ISBN: 978-607-8442-04-1

El libro de los sentimientos
se imprimió en el mes de noviembre
de 2017, en los talleres de Tien Wah
Press (PTE) Ltd., Malasia. Se utilizaron
las familias Clarendon, Futura T y GFY
Ralston. Se imprimieron 3 000 ejemplares
en papel de arte mate Hansol Titan
(FSC) de 157 gramos, encuadernado
en cartoné.

Impreso en Malasia / *Printed in Malaysia*

Para mi ahijada, Katie A. M.

Para mi hermana, Jo S. R.

La autora desea agradecer a Rael Meyerowitz
y Jo Gaskell por su apoyo y sus consejos.

El libro de los sentimientos

Protagonistas

Sam, Cati y Peluso

Amanda McCardie

ilustrado por

Salvatore Rubbino

el naranjo

Sam y Cati viven con su mamá, su papá y Peluso, su perro.
Este libro es sobre sus sentimientos
y comienza cuando ellos están ¡**felices**!

Muchas cosas hacen que Sam y Cati se sientan felices. Un abrazo,
un cuento, un juego en el parque... hacer un dibujo,
atrapar la pelota,

pero lo mejor
es saber
que son
amados.

Incluso cuando su mamá tiene prisa o su papá se **molesta**, Cati y Sam saben que los aman.

¡Deja de moverte, Cati!

¡Vamos a llegar TARDE!

Si Sam está **contento**, puede compartir sus juguetes.

Si Cati está contenta, puede abrazar al perro.

Les resulta fácil decir "gracias" y "lo siento".

Pero Sam y Cati no siempre están contentos al mismo tiempo
ni felices en todas las ocasiones.

Muchas veces están **malhumorados**.

¡Regrésamelo.
Es mío!

Yo lo quiero.

Cuando Cati se siente
así, no puede decir
"gracias" ni "lo siento".

¡Tampoco Sam!

No tiene ganas de ser **cariñoso** o amable.

13

A veces, Sam se siente **avergonzado**. Como cuando se tropezó con el balón en medio de un partido y se sintió tan tonto que casi se puso a llorar.

Cati es **tímida** cuando está con niños que no conoce.
Voltea a ver el suelo y no puede hablar. Después su voz
se convierte en un susurro que apenas se escucha.

Sam se pone **nervioso** cuando lee en voz alta.
Se siente mareado, como si estuviera
en un elevador que baja muy rápido.

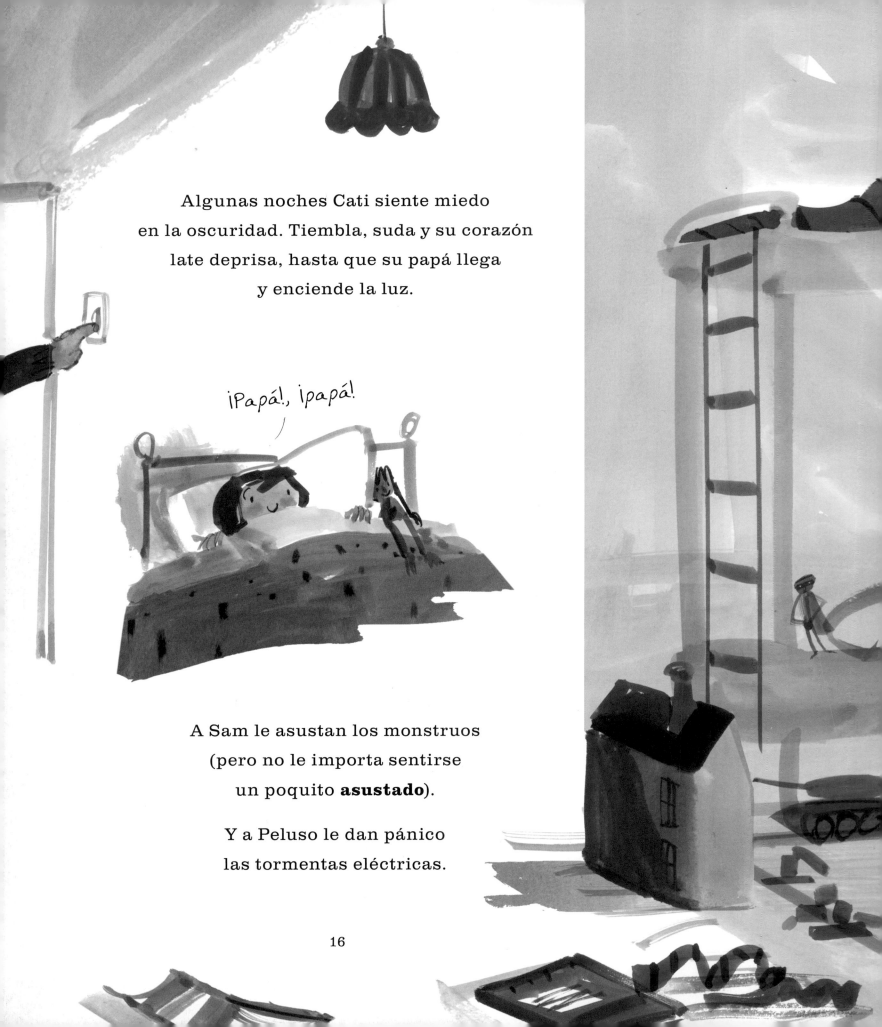

Algunas noches Cati siente miedo
en la oscuridad. Tiembla, suda y su corazón
late deprisa, hasta que su papá llega
y enciende la luz.

¡Papá!, ¡papá!

A Sam le asustan los monstruos
(pero no le importa sentirse
un poquito **asustado**).

Y a Peluso le dan pánico
las tormentas eléctricas.

16

Otras veces Sam y Cati se sienten **tristes**.

Como cuando Conejillo, el conejillo de Indias, murió.

Sam lloró y a su papá también se le salieron las lágrimas.

Aunque Peluso siempre trataba de comerse
a Conejillo, también fue al funeral.

Cati se puso triste cuando se despidió de su maestro
el último día de clases. Aunque él sonreía,
Cati podía darse cuenta de que también estaba triste.

Gracias

Los sentimientos de tristeza pueden ser muy dolorosos
y algunos son difíciles de soportar.

Así se sintió Mari, la amiga de Cati,
cuando sus papás le dijeron que ya no podían seguir viviendo juntos.

En esos días, Mari necesitaba tener cerca a personas
que entendieran cuánto le dolía y que la siguieran
queriendo incluso cuando ella
los trataba de alejar.

Las personas que están tristes no siempre lloran. Y no siempre se llora de tristeza.

Algunas personas (sobre todo los adultos) ¡lloran cuando están contentos!

Mamá lloró cuando vio a Cati bailando en un escenario.

Sam llora
cuando se cae y se golpea,
cuando no puede explicar
algo o si está muy
cansado.

Cati llora cuando
no entiende lo que siente
o cuando está muy
molesta.

23

Sentirse **enojado** es como sentirse muy molesto.

Mamá se enojó cuando vio a unos niños
jugando con fuegos artificiales,
porque sabía lo peligrosos que eran...

Por eso se animó a salir para decirles que lo dejaran de hacer.
En cuanto pararon, mamá ya no estuvo enojada.

Algunos sentimientos de enojo pasan rápido, pero otros se salen de control.

Cati se enojó con Sam
cuando él aventó
sus dinosaurios
por la ventana.

(Tres de ellos
nunca
aparecieron).

Ella corrió a la recámara de Sam,
tomó su tanque y lo tiró

por

las

escaleras.

Entonces, Sam se enojó,
azotó la puerta, pateó la cama y se lastimó
el pie. Eso lo hizo enojar aún más.

Papá gritó cuando escuchó que
azotaba la puerta.

Cati también gritó, pero nadie pudo entender lo que decía porque estaba muy enojada.

Los dos estaban tan **alterados** que mamá tardó mucho tiempo en calmarlos.

Sentir celos es otra forma de alterarse.

Papá piensa que Peluso se siente **celoso** cuando llegan otros perros a la casa, sobre todo si mamá les hace mucho caso.

Pero Peluso no es el único que se pone celoso.

Por un tiempo, Pepe, el amigo de Sam, sintió celos de él.

Todo empezó cuando Pepe se quedó a dormir en casa de Sam.

Al otro día, en la escuela, Pepe molestó a Sam porque lo había visto dormir con su osito de peluche.

Convenció a otros niños de que también se burlaran de él.

Sam se sintió **lastimado**, como si le hubieran dado un puñetazo en las costillas.

En realidad, Pepe se burlaba de Sam porque estaba celoso.

Él deseaba tener un papá como el de Sam, que pasara más tiempo con él.
Ese deseo hacía a Pepe sentirse **herido** y no lo podía soportar.
Entonces, trató de lastimar a Sam para que se sintiera como él
y desapareciera ese sentimiento.

Sam habló con su maestra,

y ella habló con Pepe,
y él habló con Sam,
y él habló con Pepe...

Al final, Sam y Pepe
volvieron a ser amigos.

Sam sabía lo que era estar celoso.
Hacía muchos años, cuando nació Cati,
él se había sentido así.

Sentía que algo se le retorcía adentro,
como si alguien le hiciera rayones
en la panza.

Mucha gente venía a ver a la nueva bebé. Le traían regalos y decían que era linda. Aunque estaba toda arrugada, enojada y no paraba de llorar.

Mamá y papá le dieron a Sam un regalo. Era un reluciente camión de bomberos, pero eso no hizo desaparecer la sensación de que algo se le retorcía por dentro.

Parecía que mamá estaba
cuidando a la pequeña
Cati todo el tiempo.

Eso no le gustaba a Sam. No es que quisiera ser otra vez un bebé.
O tal vez sí, pero no estaba seguro. En realidad, lo que no quería era
que Cati fuera la bebé de mamá y no él.

Tampoco podía entender por qué su mamá había
querido tener otro hijo.

¿Por qué lo hizo?

Le dijo a papá que quería que devolvieran a la bebé.
Papá sonrió, le dijo que no se podía y que las cosas
iban a mejorar, pero Sam no estaba tan seguro.

Por suerte, papá tenía razón, o por lo menos un poco. A veces él cuidaba a Cati mientras Sam tenía a mamá solo para él.

¿No quieres ayudarme, Sam?

Pero no siempre podía disfrutarlo porque se sentía muy alterado.

Otras veces jugaba con papá.

Peluso también estaba celoso de Cati, así que los dos se hicieron muy amigos.

Conforme los años pasaron,
Sam se fue dando cuenta de que
vivir con Cati no era tan malo.

Ella se reía de sus chistes y siempre
se ponía contenta cuando lo veía.

Ahora Sam y Cati son muy buenos amigos. Bueno, casi todo el tiempo...

Pero no siempre.

Las peleas van y vienen, aunque no duran, porque la mayor parte del tiempo hay suficiente amor en la familia para seguir adelante.

Suficiente tiempo,

suficiente capacidad
de escuchar,

suficiente amor.

Nota de la autora

Cada familia es diferente y funciona de forma distinta. Aun así, mi esperanza es que leer sobre los sentimientos de esta familia en este libro, les ofrezca a los niños un lugar seguro para pensar sobre los sentimientos que experimentan ellos mismos y otras personas.

Estas son algunas de las preguntas que pueden surgir: ¿Reconozco algún sentimiento descrito en el libro o lo siento de forma diferente? ¿Lo siento en mi cuerpo? ¿Cómo es? ¿Cómo manejo sentimientos difíciles? ¿Conozco alguna forma que me ayude a hacerlo mejor? ¿Qué otros sentimientos tengo además de los que están en el libro?

Podría ser que algunos niños quisieran hablar contigo de sus sentimientos después de haber leído este libro. Otros preferirán comentar los sentimientos de los personajes o empezar a pensar sobre los suyos sin hablarlo, al menos al principio.

Amanda McCardie estudió Observación de Infantes y Desarrollo Infantil en la Clínica Tavistock and Portman Trust. También ha sido editora de libros infantiles, asistente de jardín de niños y maestra. Es autora de dos libros para niños: *The Frog Ballet* y *Davy and Snake.*

Salvatore Rubbino estudió ilustración en el Royal College of Art, en Londres. En su primer libro para niños, *A walk in New York!*, se inspiró en una serie de dibujos que hizo de Manhattan (nominado para el premio V&A Museum Illustration Awards). Desde entonces ha publicado: *A walk in London!,* que ganó el premio SLA Information Book Award en 2012 y *A walk in Paris!* Es también ilustrador de *Just Ducks* de Nicola Davies, el cual fue nominado para la medalla Kate Greenaway.

ÍNDICE